Hallo, liebes Publikum . . .

Heitere Vorträge für's ganze Jahr

von

Willi Röller

VERLAG OTTO TEICH · DARMSTADT

ISBN 3-8069-0243-7
© 1980 by Verlag Otto Teich, D-6100 Darmstadt
**Das Vortragsrecht für öffentliche Darbietungen
vermittelt der Verlag**
Titelzeichnung: Gerhard Berthold
Printed in Germany

**Gesamtherstellung:
Grafischer Betrieb
Emil Patzschke GmbH & Co KG
8632 Neustadt bei Coburg**

Inhaltsverzeichnis

                                          Seite

Vorwort 4

Lustige Vorträge zur Begrüßung und Unterhaltung

    Hallo Freunde! 5

    So ein Blödsinn! 10

    Das muß man sich mal vorstellen! 15

    Lachen Sie ruhig! 20

    Sachen gibt's! 25

    Bitte nicht wörtlich nehmen! 30

    Können Sie ernst bleiben? 35

    Ganz schön frech! 39

Quiz-Persiflage (2 Personen) 44

Reportage (Catchermeisterschaft) 52

Zugabe 55

Vorwort

Ich habe einmal geträumt, ein Mann saß im Park auf einer Bank und weinte.
Da erschien Gott und sprach: „Mein Sohn, warum weinst du?"
Der Mann sagte: „Mein Vater, ich habe Hunger."
Da nahm Gott eine Pille aus seiner Tasche und sprach: „Schlucke sie herunter!"
Der Mann tat, wie Gott ihm befohlen hatte, und schluckte die Pille herunter.
„Nun, mein Sohn", sprach Gott, „hast du noch Hunger?"
Der Mann verneinte und bedankte sich bei Gott.
Da hörte Gott auf der Nebenbank wieder das Weinen eines Mannes.
Er ging zu ihm und sagte: „Mein Sohn, warum weinst du?"
Der Mann sagte: „Mein Vater, ich habe Durst."
Da nahm Gott eine Pille aus seiner Tasche und sprach: „Schlucke sie herunter!"
Der Mann tat, wie Gott ihm befohlen hatte, und schluckte die Pille herunter.
„Nun, mein Sohn", sprach Gott, „hast du noch Durst?"
Der Mann verneinte und bedankte sich bei Gott.
Da dachte ich: Das ist die Idee, das machst du auch!
Ich setzte mich auf die dritte Bank und weinte.
Da kam Gott zu mir und sagte: „Willi", ja wir duzen uns, „warum weinst du?"
Ich sagte: „Mein Vater, ich habe dieses Buch hier geschrieben."
Da setzte er sich neben mich und weinte mit mir.

Ihr
Willi Röller

Hallo Freunde!

Ich freue mich, daß ich von Ihnen zur Besichtigung freigegeben worden bin.

Nicht, daß Sie jetzt denken, ich stehe in einem Loch. Ich bin so klein.

Meine sehr verehrten Damen und Herren, ich habe die ehrenvolle Aufgabe, Sie heute Abend etwas zu unterhalten. Wenn Sie wollen so eine Art Conférencier. Das Wort Conférencier kennen Sie alle, das kommt aus dem französischen und heißt auf deutsch ,,komm Franz, wir gehn."

Zunächst aber möchte ich mich bei Ihnen vorstellen, ich höre seit zwölf Jahren auf den Namen . . . (*eigenen Vor- und Zunamen nennen*) — ich weiß, ich sehe jünger aus!

Nein, vor vielen, vielen Jahren wurde im Kreiskrankenhaus von . . . (*Ort der Veranstaltung nennen*) in der Abteilung Vergißmeinnicht ein Junge geboren. Damals sagte der berühmte Professor Dr. med. E. Plümacher: ,,Ich weiß nicht, entweder er stirbt oder er bleibt doof." — Dieses Kind bin ich.

Ich bin sehr eitel. Eigentlich müßte ich eine Brille tragen. Ja ich war gestern noch beim Augenarzt gewesen. Ich sag: ,,Herr Doktor, ich sehe schlecht." ,,So", meint er, ,,und seit wann haben Sie dieses Gefühl?" Ich sag: ,,Das fing an, als ich am Sonntag mit meiner Familie im Zoo war." ,,Das ist aber eigenartig", wunderte sich der Doktor. ,,Ja", sagte ich, ,,wissen Sie, ich bestellte dort aus Versehen bei einem Pinguin ein Glas Bier."

Ich gehe ja öfters in den Zoo, gehe aber abends wieder raus, weil der Zoo-Direktor da neue Tierversuche macht. Ja, der hat jetzt eine Giraffe mit einer Kuh gekreuzt. Da ist eine ganz neue Kuh entstanden. Da brauchen Sie jetzt Barhocker zum Melken.

Ja, man muß sich eben etwas einfallen lassen. Sehen Sie, sogar der Hörfunk sendet heute schon in Farbe. Jawohl, heute morgen bunte Melodien.

Ich bin ja vor kurzem vom Rundfunk zu einem Quiz-Abend eingeladen worden. Fragt der Quizmeister: ,,Kandidat eins, wo faßt die Frau bei ihrem Mann am liebsten hin?" ,,Hm ja, also . . . an die Brieftasche." ,,Richtig, hundert Punkte! — Kandidat zwei, wo hat die Frau die krausesten Haare?" ,,Hm ja, also . . . in Afrika." ,,Richtig, hundert Punkte! — Und nun zu Ihnen, Kandidat drei, wo hat die Frau . . .?" Ich sag: ,,Mich brauchen Sie erst gar nicht zu fragen, ich hätte die ersten beiden Fragen schon falsch beantwortet."

Mit Ihnen kann man sich aber auch gar nicht unterhalten! Wenn Sie lachen wollen, dann gehen Sie doch irgendwo anders hin!

Eigentlich sollte ich ja heute abend singen, und zwar den Okasa-Hit von Freddy Quinn: ,,Junge, laß den Kopf nicht hängen."

Ja, ich kann singen! Ich habe gestern noch ein Telegramm von der Mailänder Scala bekommen, da stand drin, ich soll ruhig in . . . (*Ort der Veranstaltung nennen*) bleiben.

Ich hab ja jetzt meine erste Schallplatte gemacht mit zwei Löchern — zum abheften. Auf der A-Seite habe ich gesungen, auf der B-Seite habe ich mich entschuldigt.

Ich habe vorige Woche noch in einer Nachtbar gesungen. Nachtbar kennen Sie? Das sind Lokale, wo die Kellnerinnen sich gegenseitig Trinkgeld geben. Dort war Bedienung mit oben ohne! Da war eine, die hatte nur einen Busen frei. Ich sag zu dem Geschäftsführer: ,,Warum hat diese Dame nicht wie alle anderen Damen beide Busen frei?" ,,Ja", sagt er zu mir, ,,das hat schon seine Richtigkeit." Ich sag: ,,Wieso?" ,,Ja", sagt er, ,,wissen Sie, die Dame arbeitet bei uns als Halbtagskraft."

Apropos Busen. Sehen Sie, ich fahre gestern mit der Straßenbahn, neben mir sitzt eine junge Dame mit einem sehr gut besuchten Pullover. Sowas habe ich seit meiner Amme nicht mehr gesehen. Ich hab mir das natürlich äußerst interessiert und intensiv — mit glasigen Augen — betrachtet. Plötzlich sagt sie zu mir: ,,Wenn Sie jetzt noch einmal so herschaun, bekommen Sie eine." Ich sag: ,,Und wer kriegt die andere?"

Sie hatte übrigens einen sehr hübschen Pullover an. Darauf war ein großes ,J' gestickt. Ich sag: ,,Verzeihung, gnädige Frau, ist das Ihr Sternzeichen?" ,,Nein", sagt sie, ,,das ist das Zeichen, daß ich noch Jungfrau bin." Ich sag: ,,Na ganz ehrlich, Sie sehen aber gar nicht danach aus." Meint sie: ,,Im Vertrauen gesagt, das ist ja auch ein alter Pullover!"

Sie lachen, aber es gibt ja heute schon Ehemänner, die streuen ihren Frauen Backpulver in die Bluse, damit sie etwas lockerer werden.

Meine Frau lernt jetzt Skat, damit sie mich bis ins hohe Alter reizen kann.

Ich weiß nicht, kennen Sie den Unterschied zwischen Sex und der Sesamstraße? — Nein? — Dann gucken Sie weiter Sesamstraße.

Man kann ruhig über diese Dinge sprechen. Sehen Sie, ich war vor kurzem in einem phantastischen Bungalow eingeladen. Bungalow kennen Sie? Mit hinten so'n Swimmpulli dran! — Und im Wohnzimmer standen dort auf einer Vitrine lauter Pokale und erste Preise. „Ja", sagt die Gastgeberin zu meiner Frau, „wissen Sie denn nicht, mein Mann ist Herrenreiter." Meint meine Frau: „Mein erster Mann war auch homosexuell, aber einen Pokal hat er dafür nie bekommen!"

Da war einer gewesen, der sagt zu mir: „Stellen Sie sich nur vor, mein kleines entzückendes Häuschen ist abgebrannt, mein armes kleines Hundchen, alles ist abgebrannt, jetzt muß ich wieder ganz von hinten anfangen."

Sie kennen diese Typen: Paragraph 196, 175 mit Mehrwertsteuer.

Die haben jetzt sogar in Berlin einen eigenen Kongreß gehabt. Einen eigenen Kongreß, das muß man sich mal vorstellen. Da kamen sie alle vorgefahren mit ihren dicken Straßenkreuzern. Und einer fuhr voraus mit einer ganz zarten Vespa, mit so einem Motorroller, fuhr auf eine Kreuzung zu und die Ampel schaltete plötzlich auf rot. Er mußte bremsen. Da wurde er so ganz zart von hinten angefahren. Drehte der sich um und sagte: „Huch, geht das schon los?!"

Ich kann nur sagen: Hände weg vom Steuer! Überhaupt nach unserer heutigen Veranstaltung. Ich meine, wenn Sie einen getrunken haben: Entweder Auto stehen lassen, oder freihändig fahren!

Mich haben sie vorige Woche auch angehalten. Ich kam von der Autobahn, da standen sie gleich mit der Kelle da. Hat der so'n Säckchen in der Hand gehabt mit vorne so'n Nippel dran. Sagt er zu mir: ,,Blasen Sie mal hier herein." Ich sag: ,,Von wegen, ich blase rein und Sie lassen ihn fliegen." Schnauzt er: ,,Ich habe gesagt, Sie sollen hier hereinblasen!" Ich sag: ,,Mach ich aber nicht!" Sagt er: ,,Sie weigern sich?" Ich sag: ,,Jawohl." Sagt er: ,,Gut, dann blase ich rein und dann sind Sie ihren Führerschein gleich los."

Nichts gegen die Polizei, aber ich habe es gesehen hier in . . . Ein Wagen fuhr gestern frontal gegen die Wand, vier Mann stiegen aus, waren total besoffen. Ein Polizist war sofort da und sagte: ,,Meine Herren, ich habe es genau gesehen, wer von Ihnen hat gefahren?" Lallte einer von denen: ,,Das ist es ja, Herr Wachtmeister, wir haben alle vier hinten gesessen!"

So ich hoffe, es hat Ihnen ein wenig gefallen, ich möchte mich bei Ihnen bedanken, Sie selbst brauchen sich nicht zu bedanken, denn Ihr Dank ist bereits in meiner Gage enthalten!

Ihr

. . . .

So ein Blödsinn!

Ich stehe heute abend zu Hause auf der Matte und sage zu meiner Frau: ,,Schatz, wo muß ich denn heute abend hin?" Sagt sie zu mir: ,,Du mußt heute abend nach . . ." (*Ort nennen, wo die Veranstaltung stattfindet*). Ich sag: ,,Ach, ich weiß, zu (*Name des Vereins, Veranstalters und Name des Vorsitzenden nennen*): Kermit und seine Muppets!"

Können Sie hinten alle hören? — Komisch, ich versuche das schon seit zwanzig Jahren, ich höre hinten kein Wort. — Wie machen Sie das?

Sie haben mich heute abend eingeladen, hier bin ich, nun sehen Sie zu, wie Sie mit mir fertig werden.

Nein, ich soll Ihnen jetzt Frohsinn bringen. Mit anderen Worten: Ich werde für den Quatsch hier bezahlt. — Wenn Sie mir das Geld nach Hause geschickt hätten, wäre ich überhaupt nicht gekommen!

Ich wollte ja eigentlich studieren, aber das ging leider nicht. Ich habe nämlich einen Bandscheibenschaden und da kann ich die Transparente nicht tragen!

Ich war vorige Woche beim Arbeitsamt. Sagt der Beamte zu mir: ,,Was wollen Sie denn jetzt machen?" Ich sag: ,,Ich möchte gerne ein großer Playboy werden." Sagt er: ,,Playboy? Das ist doch kein Beruf! Was haben Sie sich denn darunter vorgestellt?" Ich sag: ,,Partys, Reisen, schöne Frauen." Sagt er: ,,Dazu brauchen Sie doch Geld. Da müßten Sie ja Millionär sein! Also überlegen Sie sich die ganze Sache noch einmal und dann kommen Sie nochmal wieder." Gestern war ich wieder da. ,,Na", sagt er, ,,haben Sie sich die ganze Sache noch einmal überlegt?" Ich sag: ,,Ja, Sie haben recht gehabt. Ich möchte jetzt doch kein großer Playboy werden." ,,Sehen Sie", sagt er, ,,schön, daß Sie vernünftig geworden sind. Was wollen Sie denn jetzt machen?" Ich sag: ,,Jetzt möchte ich gerne ein k l e i n e r Playboy werden." Sagt er: ,,Ich habe Ihnen doch schon einmal gesagt, Playboy ist kein Beruf! Was stellen Sie sich denn unter einem kleinen Playboy vor?" Ich sag: ,,Moped fahren, Coca trinken und knutschen."

Ich konnte ja mal bei der Stadtsparkasse anfangen. Wie ich da ankam, sagt der Personalchef zu mir: ,,Ich habe Ihre Unterlagen geprüft, es ist soweit alles in Ordnung und Sie können praktisch am Ersten um acht Uhr anfangen." Ich sag: ,,Da wäre aber noch eine Sache, die ich mit Ihnen klären müßte." Sagt er: ,,Und die wäre?" Ich sag: ,,Ich habe keine Nasenlöcher." ,,Och", meint er, ,,das macht doch nichts, dann fangen Sie eben um halb neun an." Ich sag: ,,Warum das denn?" ,,Ja", sagt er, ,,bis halb neun bohren unsere Angestellten sich sowieso immer in der Nase."

Waren Sie schon mal bei der Stadtsparkasse? Ich kann Ihnen sagen, Typen verkehren da. Ich war vorige Woche dort, kam einer rein und sagt zu dem Kassierer: ,,Ich möchte gerne den Scheck einlösen." Sagt der Kassierer: ,,Müssen Sie hinten Ihren Namen draufschreiben." Sagt der: ,,Warum das denn?" ,,Ja", erklärt der Kassierer, ,,wenn Sie hier Geld haben wollen, müssen Sie hinten unterschreiben." ,,Nein", meckert der Kunde, ,,das sehe ich nicht ein. Das ist doch mein Scheck, da kann ich hinschreiben wo ich will." ,,Das können Sie nicht", sagt der Kassierer, ,,wenn Sie hinten nicht unterschreiben, kann ich Ihnen das Geld nicht geben." Darauf wieder der Kunde: ,,Wieso denn? Der Präsident, der Direktor die schreiben doch alle vorne auf meinen Scheck, warum soll ausgerechnet ich hinten drauf schreiben?! Sehe ich doch gar nicht ein." ,,Tut mir leid", resigniert der Kassierer, ,,dann kann ich Ihnen das Geld nicht geben." Tönte der Kunde: ,,Dann gehe ich eben in eine andere Bank!" — Er ging auch tatsächlich in eine andere Bank, zog dort die gleiche Schau ab. Nur verlor dort der Kassierer die Nerven, hat den Gummiknüppel rausgeholt, hat ihm eine über die Rübe gezogen und hat gebrüllt: ,,Sie sollen hinten unterschreiben!" Stöhnte der Kunde: ,,Jawohl, jawohl." Hat hinten unterschrieben und hat sein Geld bekommen. — Dann ist er wieder in die erste Bank zurück. ,,Na", sagt der Kassierer, ,,haben Sie Ihr Geld bekommen?" Nickt der: ,,Ja." ,,Und haben Sie hinten unterschrieben?" ,,Ja." ,,Ja sagen Sie mal, warum haben Sie das denn bei mir nicht gemacht?" ,,Ja", meint der Kunde, ,,Sie haben mir das ja nicht richtig erklärt!"

Sehen Sie, die Menschen sind eben zu nervös. Ich war vor einigen Tagen in Hamburg, stehe dort an der Ampel, die gerade auf rot stand. Plötzlich sehe ich im nebenstehenden Eckhaus einen Frauenpopo aus dem Fenster rausgucken. Ich denk, das darf doch nicht wahr sein. Plötzlich schaltet die Ampel auf grün und der Popo verschwindet wieder. Ich denk, bleibste nochmal stehen. Die Ampel schaltet wieder auf rot und der Popo war wieder im Fenster. Hab ich mir das eine Zeitlang angesehen. Ampel auf rot, Popo im Fenster. Ampel auf grün, Popo wieder weg. Dann bin ich auf die andere Straßenseite rüber, hin zu dem Eckhaus und habe geklingelt. Plötzlich steht vor mir eine ältere Dame. Ich sag: ,,Verzeihung, sind Sie

die Dame, die immer ihren Po aus dem Fenster raushält?"
„Ja, ja", sagt sie, „das bin ich." Ich sag: „Na hören Sie mal, das können Sie doch nicht machen." „Wissen Sie", sagt das Mütterchen, „das müssen Sie verstehen, mein Doktor hat mir Rotlicht verschrieben und die Krankenkasse will die Kosten nicht übernehmen."

Sie alle kennen Hamburg, eine irre Stadt. Dort habe ich in einem Hotel gewohnt, da waren die Spiegel mitten über den Betten! Da wußte man gar nicht, wie man sich rasieren sollte.

Ich komme morgens bei mir aus der Türe raus, plötzlich kommt mir ein Mann entgegen und schreit: „Ich kann wieder laufen, ich kann wieder laufen." Ich sag: „Verzeihung, waren Sie krank, oder waren Sie gelähmt?" „Nein", sagt er, „mir haben sie gestern den Führerschein abgenommen."

Unterwegs bin ich an einem Schaufenster vorbeigekommen, da haben sie gerade eine Waschmaschine vorgeführt. Habe ich auch einmal in das Bullauge reingeschaut wie die Wäsche so rumschleudert. Auf einmal meint eine Oma hinter mir: „Wir kaufen uns keinen Fernseher, wenn die kein besseres Programm haben."

Da habe ich einen Bekannten von mir getroffen, ein irrer Typ, der ist von Beruf Möbelverkäufer. Der hat doch tatsächlich vor kurzem einem katholischen Pfarrer ein Doppelbett verkauft!

Er selbst ist von zu Hause aus sehr reich. Er hat in der Schweiz eine Fabrik, in Holland eine Villa, in Liechtenstein ein Geschäft und in Deutschland ein uneheliches Kind.

Ich frage den: ,,Kannst du mir mal sagen, wo vis-à-vis ist?'' Sagt der: ,,Das ist direkt gegenüber.'' Ich sag: ,,Das kann nicht sein, ich komme ja von dort. Die Leute haben gesagt, das wäre hier!''

Das Richtige sagen im richtigen Augenblick, darauf kommt es an. Ich habe es erlebt in einem Eisenbahncoupé. Als ich einstieg, waren zwei junge Damen darin. Die waren gerade beim Hausputz, beim anmalen. Ich sag: ,,Entschuldigen Sie, meine Damen, ist dies ein Eisenbahncoupé oder ein Tuschkasten?'' Darauf sagt die eine: ,,Dies ist ein Tuschkasten! Der Pinsel ist gerade eingestiegen!''

So, das wars, was ich auf Umwegen von mir geben sollte.

Ergebenst Ihr
. . . .

Das muß man sich mal vorstellen!

Eigentlich wollte ich heute gar nicht kommen. Ich hatte mich so über mich selbst geärgert, daß ich mich zu Hause habe sitzen lassen und bin einfach gegangen. Unterwegs habe ich noch einmal angerufen, aber da war ich schon weg.

Als ich bei mir zur Türe rauskomme, sehe ich mich der Länge nach da liegen. Also wenn ich mich nicht vorher gesehen hätte, wäre ich glatt an mir vorbeigegangen.

Aber deswegen lasse ich mir kein graues Haar in die Suppe wachsen.

Nein, die größten Sorgen macht einem ja heute das Geld. Die meisten Leute haben schon keins mehr. Gestern da hatte ich noch 15 Mark. Da habe ich mir ein Portemonnaie gekauft und heute ist das Geld wieder alle.

Ach, rosig ist es mir in meinem Leben noch nie ergangen. Wir waren zu Hause so arm, bei uns sind sogar die Mäuse mit verweinten Augen herumgelaufen. Und dabei war meine Mutter eine von und zu, im Gegensatz zu meinem Vater, der war auf und davon.

Ich bin ja englisch durch meine Mutter und französisch durch den Freund meines Vaters.

Nein, und dann hat man schon mal Tage, da weiß man gar nicht, was man macht. So ging es mir neulich. Da habe ich bei uns zu Hause den Ofen mit Benzin angemacht. Aber seitdem wohnen wir nicht mehr dort!

Bei uns in der Wohnung war es so eng, wenn die Sonne reinschien, mußte ich rausgehen.

Dann haben wir aber eine Neubauwohnung bekommen. 35 Zimmer mit Kochnische. Die Zimmer waren so feucht, ich brauchte für meinen Fernseher einen Scheibenwischer, damit ich überhaupt was sehen konnte. Wenn unten einer schellte, dann spielte bei uns das Radio. Und wenn ich das Radio wieder ausstellen wollte, ging die Klosettspülung los!

Man kann ja heute nirgendwo eine Wohnung bekommen. Sogar die Schließfächer am Bahnhof sind schon an Liliputaner vermietet!

Ich wollte ja schon mal auswandern, nach Afrika, aber da gibt es so ein gefährliches Insekt, die Tsetse-Fliege. Also, wenn so eine Fliege einen Neger sticht, dann schläft der ein. Und wenn bei uns so eine Fliege einen Beamten sticht, dann wacht der auf!

Gestern morgen da komme ich bei uns in die Gaststätte, ich sag: „Herr Ober, bringen Sie mir mal schnell ein Bier!" Sagt der Ober: „Wieso schnell?" Ich sag: „Bevor das Theater losgeht." Sagt der Ober: „Was fürn Theater?" Ich sag: „Ich kann nämlich nicht bezahlen." Sagt der: „Wenn Sie nicht bezahlen, dann hole ich die Polizei." Ich sag: „Wenn Sie meinen, daß die bezahlen."

Und dann hat man mir noch meinen Mantel geklaut. Das war aber nicht schlimm, denn ich hatte den selbst erst seit zwei Stunden.

Den habe ich in einem Kaufhaus mitgenommen. Da stand ganz groß ‚Nützen Sie die günstige Gelegenheit' und die habe ich genützt. Wenn mich da einer erwischt hätte, hätte ich ein Jahr gekriegt. ‚Garantie' stand drauf.

Ich bin ja ausgebildet bis zur Bühnenreife und wieder zurück. In einem Ritterdrama da hatte ich den Satz zu sprechen: ,,Nehmt die Schwerter weg, sie hindern euch im gehen." Und ich war so nervös, ich sagte: ,,Nehmt die Schwerter weg, sie gehen euch im . . ." — Also, das war ein riesiger Lacherfolg — und das Ende meiner Bühnenlaufbahn.

Da wollte ich Berufsboxer werden. Ja, ich wollte mich boxenderweise gesundstoßen. Hätte ich es lieber gelassen. Gleich bei meinem ersten Boxmatch wurde ich zu Matsch geboxt. Siebentausend Personen waren im Sportpalast und keiner kam mir zu Hilfe. Dabei stand ich einem Gegner gegenüber, der hatte Handschuhnummer 58 $^1/_2$. Als ich den sah, da dachte ich: ,,Na, denn auf wiedersehen im Krankenhaus. Sein erster Schlag traf meine Kinnspitze. Da flogen vier meiner Backenzähne einer älteren Dame in den Busenausschnitt. Sagte unten ein entzückendes Fräulein: ,,Jetzt tasten sie sich ab." Beim zweiten Schlag gegen meinen Magen da hing mein Abendessen im Vollbart eines älteren Herrn. Und beim dritten Schlag da war ich K. O. — K. O. bedeutet ,,Kandidat der Ortskrankenkasse.

Und seit dieser Zeit bin ich so furchtbar vergeßlich. Also wenn mir heute einer hundert Mark pumpt, den kenne ich morgen nicht mehr.

Nein, seit dieser Zeit kann ich auch so schlecht schlafen. Gestern abend da lag ich im Bett und wußte nicht genau, ob ich eingeschlafen war. Ich machte vorsichtshalber die Augen noch mal auf, um nachzusehen, ob ich sie zu hatte.

Und dann bin ich noch aus dem Bett gefallen. Ich hatte es gar nicht gemerkt. Ich hatte wohl etwas fallen hören, aber ich wußte nicht genau was es war.

Gestern komme ich bei mir zur Türe raus, da kommt doch ein Bauer mit zwei Ochsen auf mich zu. Ich sag zu dem Bauer: ,,Hör mal, wo wollt ihr drei denn jetzt hin?'' Guckt der mich an und sagt: ,,Am vierten vorbei.''

Ja wir leben ja heute in einer verrückten Zeit. Ich sitze neulich im Café, plötzlich geht die Türe auf und eine Person mit langen Haaren geht bei mir vorbei. Hab ich meinen Nachbar angestoßen. Ich sag: ,,Entschuldigen Sie mal, aber war das nun ein junges Mädchen, oder war das ein junger Mann?'' Sagt der: ,,Die Frage kann ich Ihnen genau beantworten. Das war ein junges Mädchen. Das ist nämlich meine Tochter, merken Sie sich das.'' Ich sag: ,,O, entschuldigen Sie, ich wußte ja nicht, daß Sie der Vater sind.'' Sagt der zu mir: ,,Ich bin ja auch nicht der Vater, ich bin die Mutter!''

So paßt alles im Leben zusammen. Sehen Sie, wenn man heute zum Arzt geht, dann sagt man: ,,Ich werde geröntgt.'' Wenn jemand Müller heißt, der kann sagen: ,,Ich werde gemüllert.'' Oder Meier: ,,Ich werde gemeiert.'' Anders ist das natürlich, wenn jemand ‚Pinsel' heißt!

Ich war vorige Woche noch beim Arzt. Sagt der zu mir: ,,Was haben Sie für Beschwerden?'' Ich sag: ,,Mir tut hier oben alles weh." „Ja", sagt er, „ziehen Sie sich mal aus." Ich sag: „Wieso ausziehen, ich hab doch nur . . ." Unterbricht mich der Doktor: „Sie sollen sich ausziehen!" Na ja, denk ich, ziehste dich mal aus. Der Arzt soll gut sein, den hat man mir empfohlen. Habe ich mich ausgezogen. Ich sag: „Und jetzt?" — „Gehen Sie ins Wartezimmer." Ich mach die Türe auf, sitzt da schon einer splitternackt mit einem kleinen Paket. Ich sag: „Entschuldigen Sie mal, aber ist Ihnen nichts an dem Doktor aufgefallen? Ich habe nur hier oben was und muß mich ausziehen." „Och", sagt der, „das ist noch gar nichts, ich bin von der Post und soll nur das Paket hier abgeben."

Und dann hat er mich reingerufen. „Ja", sagt er, „Ihnen tut hier oben alles weh. Woran das liegt, kann ich Ihnen auch nicht sagen. Ich glaube, das liegt am Alkohol." Ich sag: „Das macht nichts, dann komme ich eben wieder wenn Sie nüchtern sind."

So hat jeder heute im Leben mehr Ärger als Freud, doch ich sage mir immer: Genieße das Leben ständig, denn du bist länger tot, als lebendig!

Ihr
. . . .

Lachen Sie ruhig!

Können Sie mich alle sehen? — Nein? — Na ja, die Hauptsache Sie können mich verstehen.

Sollten einige von Ihnen mich auch nicht verstehen können, so bitte ich das zu entschuldigen. Mein Zahnarzt hat mir gestern zwei Zähne gezogen und da hat er mir solange vorne ein paar Gummizähne reingemacht — und jetzt habe ich vorne einen Platten.

Ich bin natürlich froh, daß ich heute abend hier sein darf. Kann ich mir endlich wieder ein paar Mark verdienen. Ja, ich habe gestern gerade einen Anruf von dem Direktor der Stadtsparkasse erhalten. Sagt der zu mir: ,,Ich habe gerade Ihr Girokonto geprüft und muß feststellen, daß Sie 3000 Mark Minus auf Ihrem Konto haben." Ich sage: ,,Können Sie mir denn den Bestand vom vorigen Monat sagen?" ,,Ja", sagt er, ,,da hatten Sie 6000 Mark im Plus." Ich sage: ,,Na und? Habe ich Sie da vielleicht angerufen?!"

Sie lachen! Sehen Sie, ich sitze neulich bei uns in der Gaststätte. Mir gegenüber sitzt ein Mann, der starrte unentwegt auf die gegenüberliegende Fleischerei, wo im Schaufenster ein großer Schinken lag. Ich sag: ,,Entschuldigen Sie, aber ich beobachte sie jetzt schon seit einer Stunde. Sie starren unentwegt auf den Schinken. Sind Sie da so scharf drauf?" ,,Nein", sagt er, ,,passen Sie mal auf, ich habe den Laden beobachtet. Da ist keiner drin." Ich sag: ,,Na und?" Sagt er: ,,Ich möchte ja gerne mal schnell rüber gehen und krrr." Ich sag: ,,Wie? Meinen Sie klauen?" Sagt der: ,,Ja!" Ich sag: ,,Das trauen Sie sich ja doch nicht!" Sagt er: ,,Wollen wir wetten?" Ich sag: ,,Ja gut,

100 Mark." Sagt er: ,,Gut, 100 Mark!" Geht rüber auf die andere Straßenseite, guckt nach links, nach rechts, rein in den Laden und hat den Schinken. Kommt rüber und sagt: ,,Hier ist er, 100 Mark gewonnen!" Ich sag: ,,Die haben Sie verloren, ich zeige Sie bei der Kripo an." ,,Nein, nein", lacht der, ,,die habe ich trotzdem gewonnen. Der Laden gehört nämlich mir!"

Das war vielleicht ein Ärger! — Auch zu Hause habe ich jetzt Ärger gehabt. Ja, ich habe meiner Frau zu Weihnachten einen Nerz gekauft — und der frißt so schlecht!

Vorhin habe ich einen Schulfreund von mir getroffen. Erzählt der: ,,Stell dir vor, ich war vor einer Woche in Moskau." Ich sag: ,,Moskau? Hast du denn auch das Lenin-Mausoleum besucht?" Sagt er: ,,Ja." Ich sag: ,,Da hast du aber lange warten müssen." Sagt er: ,,Wieso?" Ich sag: ,,Da ist doch immer so eine Menschenschlange von sieben- bis achthundert Meter." ,,Ja", sagt er, ,,da war eine Menschenschlange, aber ich bin einfach dran vorbei gegangen, bin auf die beiden Wachsoldaten zu und habe jedem 10 Mark West gegeben." Ich sag: ,,Die haben dich aber nicht reingelassen?" ,,Nein", sagt er, ,,den haben die rausgeholt."

Ein irrer Typ ist das. Der singt beim Deutschlandlied das Komma mit.

Und eine fantastische Villa hat der — ohne Heizung! Der geht selbst durch die Räume.

Auf der Toilette hat er keine Brille, sondern Kontaktlinsen.

Der fährt einen sechshunderter Mercedes und hat 12 Führerscheine. Wenn der in eine Razzia reinkommt, hält der gar nicht an, macht das Fenster auf, schmeißt einen raus und fährt weiter.

Und drei Nummernschilder hat er, eins vorne, eins hinten und eins unten drunter. Ich sag: „Warum das denn?" Sagt er: „Wenn ich einen überfahre, soll er auch sehen, wer es war!"

Ich sag: „Wie geht es denn deiner Frau?" „Och, ganz gut", sagt er, „die war jetzt für zwei Wochen an der Ostsee in Braunlage." Ich sag: „Moment mal, Braunlage das ist doch im Harz." „Och", sagt er, „deshalb hatte sie morgens immer so einen weiten Weg zum Strand!"

Ich war ja voriges Jahr auf Sylt am FKK-Strand. Waren Sie schon mal am FKK-Strand? Man geht ja ein bißchen komisch, wenn man da das erste Mal reinkommt. Kopf nach oben, denn man will ja nicht zeigen, wie neugierig man ist, und latscht dann alle paar Minuten auf einen drauf, weil man nichts sieht.
— Und streng sind die da. Da darf niemand etwas anhaben. Das heißt doch! Nur der Bademeister hat eine lange weiße Hose an, vorne offen. — Ja, der muß ja erkannt werden!

Ich hatte eine Banane in der Hand und mußte sogar die Schale draußen lassen. Können Sie sich vorstellen, wie albern ich da rumlief, mit einer nackten Chiquita in der Hand.

Ich habe dann dort in einem kleinen Hotel übernachtet. Ich kann Ihnen sagen, die ganze Nacht habe ich kein Auge zugemacht. Nachts um elf fing das im Zimmer neben mir an (*schnarchen*). Habe ich an die Wand geklopft. Das ging die ganze Nacht. Ich bin bald wahnsinnig geworden. Morgens um sechs Uhr bin ich raus, habe mich neben die Türe gestellt. Ich dachte, wenn der jetzt rauskommt, dem haust du eine vorn Keks. Plötzlich geht die Türe auf und es kommt ein nettes altes Mütterchen raus. Sagt sie: ,,Guten Morgen." Ich sag: ,,Guten Morgen." Lächelt sie: ,,Sagen Sie mal, haben Sie nebenan gewohnt?" Ich sag: ,,Jawohl, das habe ich!" Sagt sie: ,,Haben Sie die ganze Nacht an die Wand geklopft?" Ich sag: ,,Jawohl, das habe ich!" ,,Och", sagt sie, ,,wissen Sie, ich war so müde, sonst wäre ich ja rübergekommen."

Bevor ich wieder nicht schlafen konnte, habe ich mich am nächsten Abend in das Zimmer einer mir unbekannten Dame geschlichen. Die Tür war nicht verschlossen. Im Zimmer war es stockfinster. Die Dame war ungemein anschmiegsam. Ich sage: ,,Na, ich scheine aber auch nicht der erste bei Ihnen zu sein!" ,,Nein", sagt sie, ,,Sie sind der letzte. Ich gehe morgen ins Altersheim."

Als ich wieder zu Hause war, umarmte mich meine Frau und sagte: ,,Liebling, mach dir was vom Leben." — Habe ich mich scheiden lassen.

Kennen Sie meine Frau? Die Geierwalli aus . . .

Meine Frau ist ja sehr dünn. Ja, die hat kürzlich eine Abmagerungskur mitgemacht. Die ist jetzt Topmodell bei einem Beerdigungsinstitut ‚Rühr dich nicht, Bleichgesicht und Co'. Die ist so schmal, wenn die über den Friedhof geht, dann ziehen die Regenwürmer sich das Schlabberlätzchen um.

Die ist so dünn, die trägt ein gestreiftes Kleid mit nur einem Streifen! — Wenn ich mit ihr durch den Park gehe, dann werfen die Enten ihr immer Brotstückchen zu!

Voriges Jahr habe ich sie einmal als Vogelscheuche ausgeliehen. Also, die Vögel waren so geschockt, die brachten sogar die Körner vom vergangenen Jahr zurück!

Überall wo ich sie vorstelle, sagen die Leute: ,,Stell sie wieder weg!"

Und mißtrauisch ist sie! Ihre Augen beobachten sich gegenseitig!

So, das wars mal wieder! — An Ihrem Applaus habe ich gemerkt, daß Sie ein sehr fachkundiges Publikum waren und ich hätte ebensogut heute abend mit Ihnen das Wort zum Sonntag sprechen können.

                    Ihr
              . . . .

Sachen gibt's!

Nehmen Sie es mir bitte persönlich nicht übel, daß ich jetzt hier bin, aber sie hatten gerade keinen anderen momentan. Mein Name ist . . ., ich muß das extra noch mal sagen, weil es schon oft vorgekommen ist, daß man mich mit . . . (*Name eines bekannten Stars einsetzen*) verwechselt.

Ich weiß, ich bin nicht schön, aber auch Häßlichkeit verkauft sich!

Natürlich kann es auch Probleme geben. Ich war z. B. gestern abend zu einer Party eingeladen. Er war so häßlich, sie war so häßlich, also die ersten beiden Kinder haben die wegschmeißen müssen!

Ich bin leider etwas erkältet. Eigentlich wollte ich Ihnen heute abend etwas husten.

Aber ich soll Sie ja jetzt unterhalten. Bitte verstehen Sie mich nicht falsch, ich will Sie nicht ernähren!

Nein, ich soll Ihnen Witze erzählen. Soll ich nun zuerst die harmlosen Sachen erzählen, oder gleich diejenigen, weswegen Sic hergekommen sind?

Beinahe wäre ich heute abend gar nicht gekommen. Ich habe vorhin bestimmt eine Stunde auf die Straßenbahn Linie 18 gewartet. Wenn ich nicht zweimal mit der Linie 9 gefahren wäre, wäre ich jetzt bestimmt noch nicht hier.

Wie ich so auf dem Vorderperron stehe, da sagt so eine ältere Dame zu mir: ,,Sie, Männeken, jetzt nehmen Sie endlich mal Ihre Hand aus meiner Tasche und dann geben Sie mir mein Portemonnaie wieder. Hier haben Sie Ihres, da ist auch nichts drin."

Apropos Geld. Sehen Sie, links neben mir da wohnt eine furchtbar eingebildete Dame, die macht so auf neureich. Ich wollte die natürlich etwas ärgern, habe auch auf neureich gemacht und bin zwei Wochen mit Stiefeln und mit Sporen rumgelaufen. Hat sie gedacht, ich könnte reiten. Nach acht Tagen sagt sie zu mir: ,,Wissen Sie, Herr . . ., das nützt Ihnen gar nichts, daß Sie mit Stiefeln und mit Sporen rumlaufen, wenn Sie kein Pferd haben." Ich sag: ,,Verzeihung, gnädige Frau, aber Sie haben ja auch Federn am Hut und können keine Eier legen!"

Ja, das kann man sich alles leisten, wenn man Geld hat! Ich habe z. B. letzte Woche ein ganz trauriges Buch gelesen: Mein Sparbuch. Ja, meine Bank haben sie renoviert und bei der Gelegenheit haben die mein Konto mit gestrichen!

Aber es ist ja irgendwie alles paradox. Wissen Sie, was paradox ist? — Wenn ich zu meiner Frau sage: ,,Nehmen wir einmal an, ich gebe dir heute vielleicht 500 DM und komme dann am Montag und sage: Hör mal, kannst du mir 200 DM geben, von den 500 DM, die ich dir am Samstag vielleicht gegeben hätte?"

Ich habe übrigens vorige Woche einen Brief von einem früheren Freund von mir bekommen. Der bekommt von mir auch noch 500 DM. Ich hatte ja zu dem gesagt, ich würde ihm das Geld im Sommer zurückgeben. Aber seien Sie doch mal ehrlich: Hatten wir dieses Jahr einen Sommer?

Geld regiert die Welt, meine Damen und Herren. Aber mit Geld kann man nicht die Gemütlichkeit kaufen, die hier heute abend herrscht. Und Sie werden schon gemerkt haben, ich bin kein Freund von vielen Worten!

Wie gefällt Ihnen übrigens mein neuer Anzug? Den habe ich im Winterschlußverkauf gekauft, 49,95 DM, Anzug mit zwei Hosen. Also, einen Anzug mit zwei Hosen kauf ich nie wieder. Ich kann Ihnen sagen, Sie schwitzen sich kaputt.

Nein, ich sag mir immer, man soll das Leben von der heiteren Seite sehen. Sehen Sie, ich habe vor einigen Wochen einen Bekannten von mir getroffen. Sagt der: ,,Stell dir vor, ich richte jetzt mein ganzes Haus neu ein." Ich sag: ,,Das kostet doch sehr viel Geld." Sagt er: ,,Quatsch, mit Haferflocken." Ich sag: ,,Wie, mit Haferflocken?" Sagt er: ,,Ja, paß mal auf. Wenn ich mir ein Paket Haferflocken kaufe, bekomme ich einen Gutschein. Und wenn ich hundert Pakete Haferflocken kaufe, bekomme ich hundert Gutscheine. Und für hundert Gutscheine bekomme ich einen Stuhl, für zweihundert einen Tisch, für fünfhundert einen Schrank und für tausend eine Polstergarnitur." Ich sag: ,,Was hast du denn da alles im Zimmer drin?" Sagt er: ,,Zwölf Stühle, drei Tische, zwei Schränke und drei Polstergarnituren." Ich sag: ,,Und was hast Du in den anderen Zimmern?" Sagt er: ,,Die Haferflocken."

Ein irrer Typ ist das. Der spricht durch die Nase, um die Zähne zu schonen. Der hat so eine große Nase, der kann beim Duschen rauchen!

Jetzt haben sie vorige Woche bei dem eingebrochen. Da sind die Diebe gekommen, haben um ihn einen weißen Kreis gezogen und haben zu ihm gesagt: ,,Wenn du aus dem Kreis rausgehst, dann wirst du erschossen." Haben das Geld und den ganzen Schmuck gestohlen, seine Frau abgeküßt und sind abgehauen. Wie die Einbrecher weg waren, sagt seine Frau zu ihm: „Du Trottel, die nehmen das ganze Geld und den Schmuck mit, küssen mich ab und du lachst." „Ja", sagt er, „wie die dich abgeküßt haben, bin ich zweimal aus dem Kreis rausgegangen und das haben die nicht gemerkt!"

Lachen Sie nur! Es gibt ja Leute, die sagen: „Lachen macht dick!" Das stimmt! Ich habe eine Bekannte, die hat sich kürzlich einen Gastarbeiter angelacht. Die wird jetzt immer dicker!

Nein, ich sage mir immer, eine kinderlose Ehe besteht nur aus Spaßvögeln.

Ich selbst habe keine Kinder. Ja, meine Frau kommt ja auch nirgendwo hin!

Nicht daß Sie denken, ich hätte etwas gegen Frauen. Aber meine Frau spricht im Moment nicht mit mir. Ja, ich war vorige Woche bei uns im Park spazieren. Plötzlich ruft eine Stimme hinter mir: „Bitte nimm mich mit nach Hause." Ich denk nanu, dreh mich um und sehe niemanden. Bin ich weitergegangen. Auf einmal ruft wieder eine Stimme hinter mir: „Bitte nimm mich mit nach Hause." Ich dreh mich um und sehe hinter mir einen kleinen Frosch. Sagt der zu mir: „Bitte nimm mich mit nach Hause, ich bin eine Prinzessin und bin vor vielen, vielen Jahren von einer bösen Hexe verzaubert worden. Nur derjenige, der mich mit nach Hause nimmt, kann mich von diesem Zauber erlösen." Ich denk, so ein Quatsch, das gibt es doch nur im Märchen. Na ja, habe ich den Frosch mitgenommen. Abends, ich geh ins Bett, sagt er zu mir: „Bitte nimm mich mit ins Bett." Ich denk, was machst du jetzt? Hab ich ihn mit ins Bett genommen. Auf einmal sagt er zu mir: ,,Bitte gib mir einen Kuß und ich werde wieder eine schöne Jungfrau." Ich denk, einen Frosch küssen? Na ja! Hab ich ihn geküßt, und was soll ich Ihnen sagen: Auf einmal lag so eine Alte neben mir! In diesem Augenblick kommt meine Frau ins Schlafzimmer. Ja meinen Sie vielleicht, sie hätte mir die Geschichte geglaubt?!

Gestern abend, ich komme nach Haus, war sie schon im Bett. Ich sag: ,,Maria, wach auf, ich bin es." Keine Antwort. Habe ich ihr einen Zettel auf das Nachtschränkchen gelegt, stand drauf: ,,Bitte um acht Uhr wecken." Wissen Sie, wann ich wach geworden bin? Um zwölf Uhr. Ich stehe auf, auf einmal sehe ich auf meinem Nachtschränkchen einen Zettel liegen. Wissen Sie, was drauf stand: ,,Es ist acht Uhr!"

Nein, ihr lieben Leut, wie kurz ist doch die Lebensfreud! — Wenn ihr erst die Radieschen von unten seht und euch die Verwandten mit der Gießkanne besuchen kommen, dann kommt euch die Welt so traurig vor, dann fehlt euch der . . . mit seinem Humor!

Ihr

. . . .

Bitte nicht wörtlich nehmen!

Nett von Ihnen, daß Sie mich wiedererkannt haben. Ich bin derselbe vom vergangenen Jahr. Ich trage ja normalerweise eine Brille. Deshalb war ich gestern auch beim Optiker gewesen. Sagt der: ,,Na, ist die alte nicht mehr scharf genug?" Ich sag: ,,Meine Frau geht Sie gar nichts an!"

Es ist heute ganz schön kalt draußen! Ja, man kann sich schnell erkälten, wenn man abends aus einem fremden Bett nach Hause gehen muß!

Mir geht es selbst im Moment nicht gut. Ja, ich war gestern abend noch mit einer Krankenschwester aus. Ich hätte lieber mit einer gesunden ausgehen sollen!

Sie werden schon gemerkt haben, ich bin nicht ängstlich. Ich habe einen Nachbarn, der ist so ängstlich, wenn seine Frau verreist, dann schläft der bei der Nachbarin.

Nicht daß Sie jetzt denken, ich habe etwas gegen meinen Nachbarn, aber ein irrer Typ ist das. Ich habe den vorige Woche getroffen. Ich sag: ,,Na, hat deine Frau immer noch was gegen das Kegeln? Du durftest doch früher nie zum Kegeln gehen und ich hab dir den guten Rat gegeben, mal ordentlich auf den Tisch zu hauen. Dann wirft deine Frau dich aus der Wohnung und du kannst zum Kegeln gehen." ,,Das habe ich gemacht", sagt er, ,,und zwar gestern abend. Ich habe das gesamte Geschirr genommen, sämtliche Untertassen und Teller im Diskusverfahren durch die Wohnung geschleudert, die Stuhlbeine abgesägt und bin gegangen." Ich sag: ,,Das ist ja unwahrscheinlich! Und was hat deine Frau gesagt?" „Ja", sagt er, „das weiß ich noch nicht. Die kommt erst in einer Woche aus dem Urlaub."

Und seine Frau, sein zweites Programm, die sollten Sie mal sehen! Die sieht von hinten aus wie Sophia Loren und von vorne wie das Spukschloß im Spessart!

Und die schielt! Die kann am Mittwoch beide Sonntage sehen!

Meine Frau habe ich ja hier im Park kennengelernt. Da ging sie neben mir. Also wenn ich das gewußt hätte! Ich sag: „Fräulein, darf ich Ihnen meinen Schirm anbieten?" Sagt sie: „Es regnet doch gar nicht." Ich sag: „Ich habe ja auch gar keinen dabei!"

Ich sag: „Glauben Sie an Liebe auf den ersten Blick?" Sagt sie: „Nein." Ich sag: „Das macht nichts, dann komme ich morgen noch mal wieder."

Ich sag: „Fräulein, Sie sind zauberhaft schön." Sagt sie: „Tut mir leid, mein Herr, daß ich Ihnen das Kompliment nicht zurückgeben kann." Ich sag: „Das macht nichts, machen Sie es wie ich, lügen Sie."

Ich sag: „Ich möchte Sie auf Händen tragen." Meint sie: „Mit anderen Worten, Sie haben noch nicht mal ein Auto?!"

Und dann haben wir geheiratet. Einen Tag nach der Hochzeit meint sie zu mir: „Nun steh schon mal auf und koch Kaffee. Hoffentlich kannst du das wenigstens!"

Meine Frau ist ja sehr dünn. Die sieht aus wie eine Hundehütte: An jeder Ecke ein Knochen.

Die ist so dünn, wenn ich mit der abends schlafen gehe, dann kann ich nicht einschlafen, so klappern bei ihr die Knochen.

Wenn Sie die auf ein Fünfmarkstück stellen, dann gucken Viermarkachtzig raus!

Und eifersüchtig ist die! Ich bin neulich nach Hause gekommen, da hatte sie ein weißes Haar an meinem Hemdkragen entdeckt. Da war sie vielleicht wütend! — Gestern abend, ich komme nach Haus, kein Haar am Hemdkragen. Da hat sie getobt: ,,Du bist ein Draufgänger, du bist geschmacklos! Jetzt hast du schon eine Freundin mit einer Glatze!''

Drei Stunden hat sie mit mir nicht gesprochen. Auf einmal sagt sie: ,,Was guckst du so?'' Ich sag: ,,Du kommst mir vor, wie ein Torero.'' Sagt sie: ,,Sehe ich so aus?'' Ich sag: ,,Nein, aber du stierst so!''

Ich sag: ,,Maria, zieh dich an, heute abend gehen wir essen.'' Wir kommen in das Restaurant rein. Ich sag: ,,Na, mein Schatz, was magst du denn am liebsten?'' Sagt sie: ,,Das weißt du doch ganz genau.'' Ich sag: ,,Nu hör mal, Maria, das ist ja alles schön und gut, aber essen müssen wir ja schließlich auch mal!''

Vorige Woche komme ich nach Hause und sage: ,,Maria, warum weinst du denn?'' ,,Och'', sagt sie, ,,ich habe Zwiebeln geschält.'' Ich sag: ,,Wie oft habe ich dir schon gesagt, du sollst die Zwiebeln unter Wasser schälen.'' Sagt sie: ,,Du weißt doch ganz genau, daß ich nicht so lange tauchen kann!''

Aber sonst bin ich mit meiner Frau sehr zufrieden. Nur die Waden sind ein bißchen dick. Aber das macht ja nichts, da halte ich mich sowieso nie lange auf!

Das ist ja meine vierte Frau. Die erste Frau von mir ist an Pilzvergiftung gestorben. Habe ich die Schwester geheiratet. Und die ist dann auch an Pilzvergiftung gestorben. Da habe ich die Nichte geheiratet. Aber die ist dann an Schädelbruch gestorben. Ja, die wollte die Pilze nicht essen!

Fragte mich ein Freund: ,,Ich weiß gar nicht, warum du eigentlich so an dieser Familie hängst?" Ich sag: ,,Was heißt hier ,hängen', ausrotten will ich die Bande!"

Nein, die Frauen sind ja heute alles. Ist irgendwo eine Ausstellung, wie heißt die Ausstellung: Alles für die Frau. Warum nicht mal eine Ausstellung für den Mann? Können Sie sich das vorstellen? Eine Ausstellung nur für den Mann: Lauter Kneipen.

Man braucht doch nur das Radio anstellen, dann klingt es ,,Tausend schöne Frauen" oder ,,Schön sind die Frauen." Und was singt man von uns? ,,Ein Männlein steht im Walde."

Haben Sie Muttertag schon mal aufgepaßt? An jeder Ecke stehen die Männer mit einem Strauß Blumen. Aber haben Sie Vatertag schon mal eine Frau mit einer Flasche Schnaps gesehen? Also ich nicht!

Nicht daß Sie jetzt denken, ich hätte etwas gegen die Frauen! Aber ich habe einmal einen Doppel-Twen kennengelernt. ,Doppel-Twen' kennen Sie? Das ist eine vierzigjährige Dame.

Bis zum dreißigsten Lebensjahr zählen die Frauen ja normal, dann beginnt der Count-Down. Diese Dame hat mich gefragt: ,,Was verstehen sie unter Liebe?" Ich sag: ,,Das ist eine Abkürzung L. I. E. B. E., ,lebenslänglicher Irrtum eines bedauernswerten Esels'." Sagt sie: ,,Das war nicht sehr galant von Ihnen. Aber wenn Sie das so sehen, müssen Sie das von rückwärts lesen: E. B. E. I. L., das war die ,eselhafte Bemerkung eines impertinenten Lümmels'."

Nein, so hat jeder heute mehr Ärger als Freude! Doch ich sage mir immer: ,,Die Hälfte der Welt lacht über die anderen, und Narren sind wir dabei alle!"

Ihr
. . . .

Können Sie ernst bleiben?

Saulus zog aus, um einen Ziegenbock zu jagen und fand ein Königreich. Die *(Karnevalsgesellschaft, Verein oder Veranstalter nennen)* zog aus, um einen billigen Büttenredner *(Humorist)* zu suchen und fanden mich!

Siebenhundert Mark kriege ich heute abend. *(Kurze Pause)* Ostgeld!

Irgendwo muß man sich ja heute sein Geld verdienen. Es gibt Leute, die hängen sich auf, damit sie wenigstens einmal auf einen grünen Zweig kommen!

Ich habe vorige Woche einen Bekannten von mir getroffen. Ich sage zu ihm: ,,Na, wie gehts denn deinem Sohn?'' ,,Och'', sagt er, ,,noch zwei Raten an die Hebamme, dann gehört er uns.''

Ich habe ja bis vor kurzem noch bei der Zeitung gearbeitet. Ich habe den Briefkasten gesteuert. Das heißt, ich habe die Leserbriefe beantwortet. Bin aber frühzeitig gegangen worden, weil ich einer etwas wohlbeleibten älteren Dame auf die etwas verfängliche Anfrage ,,Ich fühle mich gehemmt, was soll ich tun?'' geantwortet habe: ,,Tragen Sie ein kürzeres!''

Schlagfertig muß der Mensch ja sein in jeder Lebenslage. Ich habe einmal über einem Tempel die Inschrift gelesen: ,,Wer dieses Haus betritt, ohne sein Antlitz zu verhüllen, versündigt sich ebenso, als wenn er ein fremdes Weib zu sich nimmt!'' Hat ein Unbekannter drüber geschrieben: ,,Beides probiert, kein Vergleich!''

Eigentlich wollte ich ja heute abend gar nicht kommen. Ich wollte ins Kino gehen. Aber als ich da ankam, stand da ganz groß: ,,Wegen Umbau geschlossen." Bin ich wieder gegangen, und vorhin sagte mir einer, daß der Film so heißt!

Sicherlich werden Sie schon gemerkt haben, daß ich nicht rasiert bin. Ich bitte dieses zu entschuldigen, aber bei mir zu Hause ist es so eng. Wir haben heute morgen mit der ganzen Familie vorm Spiegel gestanden, und da habe ich aus Versehen meine Frau rasiert!

Ja, ich bin jetzt verheiratet. Ich wollte ja nicht, aber die Kinder waren dafür!

Man muß ja auch mal heiraten, man kann schließlich nicht immer glücklich sein!

Gestern saß ich bei uns in der Gaststätte einem Ehepaar gegenüber. Die hätten Sie mal sehen sollen. Sie, eine klasse Frau! Gegen die sah die Sophia Loren aus, wie der Glöckner von Notre-Dame. Und einen Mund hatte die! Die konnte beim Küssen nebenbei ‚Liebling' sagen. Und herrliche Reklamehügel, einen wirklich gut besuchten Pullover! Im Bauchnabel trug sie eine Brosche. Und einen Blick hatte die! Die hatte den typischen Hausfrauenblick: Links nach der Wäsche, rechts nach den Klammern!

Und er, so ca. einmeterachtzig groß, der sah aus wie der australische Sommer, lang und dürr! Wenn der Himbeersaft trinken würde, sähe er aus wie ein Thermometer. — Sagt der: ,,Herr Ober, wir möchten gerne dinieren." Sagt der Ober: ,,Tut mir leid, mein Herr, die Nieren sind leider alle. Wie wäre es mit

Zunge?" "Nein", winkt der ab, "was andere schon im Mund gehabt haben!"

Es gibt schon Typen, kann ich Ihnen sagen. Da saß einer am Nebentisch. Fragt der: "Herr Ober, haben Sie Schnitzel?" "Hmm, *(tief Luft holen)* ist gerade ausgegangen." "Haben Sie Rumpsteak?" "Hmm, *(tief Luft holen)* ist gerade ausgegangen." "Haben Sie Eisbein?" "Hmm, *(tief Luft holen)* ist gerade ausgegangen." Guckt mein Nachbar hoch: "Sagen Sie mal, haben Sie Asthma?" Sagt der Ober: "Muß ich mal nachsehen."

Links in einer Ecke da saßen zwei Polizisten mit einem Schäferhund. Die unterhielten sich, wie scharf der Hund und wie erstklassig der abgerichtet ist. Ruft ein Herr von der Theke rüber: "Ich habe zu Hause einen großen gelb-braunen Hund, wenn ich den hole, dann macht der den kaputt." Sagt einer der Polizisten: "Nun reden Sie doch keinen Blödsinn, das ist ein abgerichteter scharfer Polizeihund." Sagt der: "Da wette ich mit Ihnen um fünfhundert Mark, daß der den Schäferhund kaputt macht." Sagt der Polizist: "Ist gut, die Wette nehme ich an." Der geht nach Hause und holt den. Nach fünf Minuten kommt er zurück mit so einem großen gelb-braunen Hund. Sagt der Polizist: "Ich warne Sie nochmal." Sagt er: "Keine Sorge." Der Polizist läßt den Schäferhund los und sagt: "Wolf, pack ihn!" Er: "Fiffi, Attacke!" War der Schäferhund weg. Sagt der Polizist: "Das gibt es doch gar nicht, das ist doch unmöglich!" Sagt er: "Her mit den fünfhundert Mark." — Der Wirt, der das alles mitbekommen hat, sagt: "Moment mal, ich habe draußen eine blutleckende Dogge, ich wette tausend Mark dagegen." "Ist gut", sagt er, "ich nehme an." Der Wirt holt die Dogge rein und sagt: "Karo, pack ihn!" Er:

,,Fiffi, Attacke!" War die Dogge weg! ,,Ja", sagt der Wirt, ,,nun sagen Sie nur mal, was ist das denn für eine Rasse?" ,,Ja", sagt er, ,,das weiß ich auch nicht genau. Den hat mir ein Freund aus Afrika mitgebracht, da hatte der so lange Haare am Kopf, die habe ich ihm alle abgeschnitten!"

So kann man sich irren, aber irren ist menschlich. Ich habe vorige Woche eine Anzeige von der Polizei erhalten. Ich sollte angeblich mit meinem PKW einen Dachdecker überfahren haben. Nun frage ich Sie: ,,Haben Sie schon mal einen Dachdecker überfahren?" Ich denk, da ist doch was faul. Habe ich mir einen Anwalt genommen. Kurz vor der Verhandlung sagt mein Anwalt: ,,Wenn der Richter Sie jetzt fragt, dann sagen Sie nur ,wieso?' oder ,habe ich nichts mit zu tun'." Habe ich gemacht. Freispruch. Wir kommen aus dem Gerichtssaal raus, sagt der Anwalt: ,,Na, was sagen Sie jetzt?! War doch eine tolle Idee von mir. Prozeß gewonnen. Nächste Woche schicke ich Ihnen meine Rechnung." Ich sag: ,,Wieso?" ,,Ja", sagt er, ,,Sie müssen mir doch mein Honorar bezahlen." Ich sag: ,,Habe ich nichts mit zu tun!"

Ja, man macht im Leben schon was mit! Aber ich sage mir immer: Und will die Welt uns nicht was anderes geben, wir sagen trotzdem nichts und halten still und denken uns mit Götz von Berlichingen, mit uns kann jeder machen was er will!

Ihr
. . . .

Ganz schön frech!

Nett von Ihnen, daß Sie auf mich gewartet haben. Das letzte Mal, daß einer auf mich gewartet hat, war der Staatsanwalt und der Richter. Da habe ich einen vierwöchigen bleibenden Eindruck erhalten!

Ich freue mich natürlich wahnsinnig, daß ich heute abend hier sein darf und kann auch bereits feststellen, daß Sie sich in einer hervorragenden Laune befinden. Eigentlich wollte ich heute abend etwas früher kommen, aber ich bin vorhin noch mit einem chinesischen Wagen zusammengefahren. Gott sei Dank kann ich recht gut chinesisch sprechen. Die Uhr heißt auf chinesisch ‚Tik Tak', ‚Tam' — der Baum, ‚Taram' — Wald, ‚Tik Tak Taramtamtam' — Urwald!

Es gibt ja heute soviel neue Begriffe. Ich war gestern in einem Geschäft gewesen, da stand auf einer Tüte ‚Popcorn'. Ich schau rein, was war drin? Puffreis!

Da braucht man nicht gleich rot sehen. Aber ich sitze gestern abend hier in einer Gaststätte. Auf einmal kommt der Ober auf mich zu und sagt: ,,Entschuldigen Sie mal, aber was riecht das hier so? Haben Sie in die Hose gemacht?'' Ich sag: ,,Ja, warum?'' Sagt der: ,,Und da gehen Sie nicht raus?'' Ich sag: ,,Nein, ich bin ja noch nicht fertig!''

Ich sag: ,,Herr Wirt, was kostet bei Ihnen ein Schnitzel?'' Sagt er: ,,Zehn Pfennig.'' Ich sag: ,,Und was kostet eine Bockwurst?'' ,,Zehn Pfennig.'' ,,Und eine Portion Russeneier?'', ,,Zehn Pfennig.'' Ich sag: ,,Nun hören Sie mal, wie kommen

Sie denn so als Wirt zurecht, wenn bei Ihnen alles zehn Pfennig kostet?" Sagt der: „Sie werden lachen, aber ich bin gar nicht der Wirt. Der Wirt liegt zu Hause mit meiner Frau im Bett und macht meine Ehe kaputt und jetzt mache ich dem die Wirtschaft kaputt!"

Solche Leute soll es ja geben. Ich komme neulich abend über die Düsseldorfer Kö, auf einmal kommt eine Negerin auf mich zu und sagt zu mir: „Na, Kleiner, gehst du mit mir nach Hause?" Ich sag: „Was soll ich denn um 9 Uhr in Afrika?!"

Auf einmal kommt eine ältere Dame auf mich zu und sagt zu mir: „Entschuldigen Sie vielmals, junger Mann, aber ich beobachte das schon seit ein paar Tagen. Was sind das für Damen?" Ich sag: „Wie alt sind Sie?" Sagt sie: „Achtzig." Ich sag: „Wissen Sie, das ist gar nicht so einfach. Um ganz ehrlich zu sein, das sind Bordelldamen." „Na, na", sagt sie, „wenn da mal nicht ein paar Nutten dabei sind!"

Ich dreh mich um, plötzlich steht vor mir eine junge Dame und hat eine Katze auf dem Arm. Ich sag: „Verzeihung, gnädige Frau, aber was haben Sie eine süße Muschi, darf ich die mal fotografieren?" Sagt sie: „Natürlich, wenn solange jemand die Katze hält."

Sehen Sie, man muß ja heute Mut haben. Ich weiß nicht, wissen Sie was Mut ist? — Wenn ein Achtzigjähriger nur mit der Badehose in die Oper geht. Wissen Sie, was Frechheit ist? — Wenn er die Badehose an der Garderobe abgibt. Wissen Sie, was Unverschämtheit ist? — Wenn die Garderobenfrau sagt: „Verzeihung, junger Mann, aber Sie haben vergessen, Ihren Knirps abzugeben!"

Wissen Sie auch, was Naivität ist? — Wenn eine Achtzehnjährige von ihrer Mutter zum Zahnarzt geschickt wird, sie kommt wieder, hat ihre Kleider über dem Arm hängen und ruft: ,,Du, Mutti, er hat überhaupt nicht gebohrt."

Sie werden bestimmt denken, der hat seinen Kopf auch nur zum Haareschneiden, aber das habe ich nicht. Ich habe noch einen Zwillingsbruder. Also wenn ich noch einmal auf diese Welt kommen sollte, möchte ich nie wieder einen Zwillingsbruder haben. Warum? Das fing schon in der Schule an: Er schrieb die Sechsen, ich bekam die Schläge, ich hatte ein Mädchen, er ging damit aus, er machte Dummheiten, ich mußte sie heiraten. Doch dann habe ich ihn angeschmiert: Ich bin gestorben und er wurde begraben!

Ja, Sie haben es gut, Sie brauchen nur zu lachen. Aber kommen Sie erst mal auf so einen Blödsinn.

Sehen Sie, ein früherer Bekannter von mir, der hat eine Vertretung für unterirdische Möbel gehabt, der hat Särge verkauft.

Der war jetzt zwei Jahre als Forscher in Alaska tätig. Der mußte jeden Tag zwanzig Kilometer mit den Skiern marschieren, um die Eisbären zu untersuchen. Da hat ihn eines Abends sein Chef gerufen und hat zu ihm gesagt: ,,Sie sind jetzt seit zwei Jahren bei uns als Forscher tätig und ich bin mit Ihren Ergebnissen sehr zufrieden, ich lasse Sie morgen durch einen neuen Kollegen ersetzen. Na, was machen Sie denn als erstes, wenn Sie wieder zu Hause sind?" Meint mein Bekannter: ,,Na ja, Sie werden verstehen, ich bin jetzt seit zwei Jahren verheiratet und habe zu Hause eine hübsche Frau, da dürfte wohl klar sein, was man als erstes macht." ,,Dumme Frage von mir", sagt sein Chef, ,,daß ich daran nicht gedacht habe. Und was machen Sie als zweites?" Sagt der: ,,Dann ziehe ich mir die Skier aus!"

Kennen Sie eigentlich den Unterschied zwischen einer glücklichen und einer unglücklichen Ehe? — Bei einer unglücklichen Ehe hat man sich oben in den Haaren!

Meine Frau habe ich übrigens im Karneval kennengelernt. Ich dachte, sie wäre maskiert!

Wie ich sie geheiratet habe, fragte ich den Pastor: ,,Was kostet denn so eine Hochzeit?" ,,Ja", sagt der, ,,das kommt darauf an, was Ihnen Ihre Frau wert ist." Da habe ich ihm drei Mark gegeben. Einen Tag später steigt meine Frau aus der Kutsche. Der Pastor sieht meine Frau. Da hat er mir eine Mark und fünfundzwanzig Pfennige wiedergegeben.

Nach der Trauung hat er noch eine Rede gehalten. Er sagte zu meiner Frau: ,,Daß Sie stark im Glauben sind, das weiß ich, daß Sie stark in der Liebe sind, das hoffe ich, und daß Sie stark in Hoffnung sind, das sehe ich!"

Nein, unser Pastor hat immer gesagt: ,,Jungens, geht nie in ein Striptease-Lokal! Da seht ihr bloß Dinge, die ihr nicht sehen sollt." Ich bin aber trotzdem hingegangen, ich habe auch gesehen, was ich nicht sehen sollte: Unseren Pastor!

Die Flitterwochen haben wir in Ostfriesland verbracht. Ostfriesland kennen Sie? Wissen Sie, warum bei den Ostfriesen beide Backenzähne fehlen? Damit sie ‚La Paloma' auf Stereo pfeifen können!

Dort haben wir in einem Hotel übernachtet. Das nannte sich ,,Hotel zum Schachbrett." Der Inhaber hieß König, der Portier das war ein Bauer, die Kellnerinnen waren die Läufer, abends kamen die Springer und am anderen Morgen waren wir schachmatt!

Wie wir da ankamen, sagte ich zu dem Portier: ,,Haben Sie noch ein Zimmer frei?" ,,Ja", sagte er, ,,die Betten müssen Sie aber selber machen." Ich sage: ,,O.k." Meint der: ,,Hammer und Nägel liegen auf dem Speicher!"

Dort habe ich auch einen Bekannten von mir getroffen. Ich sag zu ihm: ,,Hör mal, du hast ja eine Beule am Kopf." ,,Ja", sagt er, ,,ich weiß. Meine Frau und ich, wir haben uns den Urlaub aus dem Kopf geschlagen." Ich sag: ,,Moment mal, ich habe vorhin deine Frau gesehen. Die hat aber zwei Beulen am Kopf gehabt." ,,Ja", sagt er, ,,die wollte auch vierzehn Tage länger fahren."

So, das wärs! Ich bedanke mich bei Ihnen, daß Sie mir so zauberhaft zurückhaltend zugehört haben!

        Ergebenst Ihr
        ....

Quiz-Persiflage

(Dieser Auftritt für zwei Herren macht sich über die unzähligen Quiz-Sendungen lustig und kommt beim Publikum hervorragend an. Wichtig ist natürlich, daß die beiden Typen gut ausgespielt werden.)

Helmut: Guten Abend, meine sehr verehrten Damen und Herren!
Ich darf Sie recht herzlich zu unserem heutigen Quiz-Abend begrüßen.
Zunächst aber möchte ich mich bei Ihnen vorstellen: Krankengeld ist mein Name.
Ich benötige für dieses Quiz einen jungen intelligenten Mann oder eine junge intelligente Dame, denn ich möchte voraussetzen, daß ich nur schwierige Fragen stellen werde.
Na, wer stellt sich denn da zur Verfügung?

Willi *(befindet sich unter den Zuschauern in der letzten Reihe und winkt mit der Hand.)*

Helmut: Ja, da hinten der Kleine! Darf ich Sie bitten, hier auf die Bühne zu kommen.
Guten Abend, Krankengeld!

Willi: Küper.

Helmut: Ach, Sie sind der Herr Küper. Darf ich Sie vielleicht fragen, aus welcher Stadt Sie kommen?

Willi: Stadt? Ich komme aus dem Dorf.

Helmut: Aus dem Dorf kommen Sie! Aus welchem Dorf?''

Willi: Aus Düsseldorf.

Helmut: Geboren?

Willi: Ja.

Helmut: Nein, ich meine, in welchem Jahr?

Willi: Im Frühjahr.

Helmut: Nein, ich meine an welchem Tag?

Willi: Am Donnerstag. Freitag gings nicht, da hatte meine Mutter die Treppe.

Helmut: Was machen Sie beruflich?

Willi: Ich arbeite in der Apotheke.

Helmut: Sie arbeiten in der Apotheke?! Das ist ja sehr interessant. Darf ich fragen, als was Sie da arbeiten?

Willi: Als Brechmittel.

Helmut: Haben Sie noch eine andere Tätigkeit?

Willi: Ja, nebenbei arbeite ich noch bei der Suppenfirma Maggi.

Helmut: So, und als was?

Willi: Als Einlage.

Helmut: Sind Sie verheiratet?

Willi: Ja.

Helmut: Und was macht Ihre Frau?

Willi: Sie arbeitet auf der Damentoilette.

Helmut: So.

Willi: Ja, aber jetzt hat der Arzt ihr Luftveränderung verordnet.

Helmut: Und was macht sie jetzt?

Willi: Jetzt arbeitet sie auf der Herrentoilette.

Helmut: So, Herr Küper, Sie haben sich für dieses Quiz zur Verfügung gestellt und ich werde Ihnen jetzt drei Fragen stellen. Sollten Sie alle drei Fragen richtig beantworten, haben Sie einen Preis gewonnen. Unsere erste Frage lautet „Musik."

Willi: Musik ist mein Spezialgebiet.

Helmut: So, Musik ist also Ihr Spezialgebiet?

Willi: Ja, ich war drei Jahre in Sing-Sing und habe dort bei der Gefangenenbetreuung gesungen. Da haben die Gefangenen gesagt, eine solche Strafe hätten sie nicht verdient!

Im Kirchenchor habe ich auch schon gesungen. Da sind die Leute zum anderen Glauben übergetreten!

Helmut: So, Herr Küper, unsere Kapelle spielt jetzt ein altes bekanntes deutsches Volkslied und Sie sollen den Titel dieses Liedes erraten. Herr Kapellmeister, darf ich bitten.

Kapelle oder Klavierspieler *(spielt ,,Kommt ein Vogel geflogen'')*

Helmut: Na, Herr Küper, wie heißt der Titel dieses Liedes?

Willi *(Kurze Pause)*: Bitte um Bedenkzeit.
(Nach kurzer Bedenkzeit)
Können Sie noch mal wiederholen?

Helmut: Herr Kapellmeister, können Sie noch mal wiederholen?!

Kapelle *(spielt ,,Kommt ein Vogel geflogen'')*

Willi *(während die Kapelle spielt, hebt er die Hand, zum Zeichen daß er das Lied erraten hat)*

Helmut: Haben Sie es?

Willi: Ja.

Helmut: Würden Sie den Titel des Liedes bitte laut ins Mikrophon sagen.

Willi: ,,Theo, wir fahren nach Lodsch.''

Helmut: Nein, Herr Küper, stellen Sie sich mal vor.

Willi: Küper.

Helmut: Nein, Herr Küper, Sie sollen sich etwas vorstellen.

Willi *(geht drei Schritte vor)*

Helmut: Nein, Herr Küper, passen Sie mal auf, ich will Ihnen eine kleine Eselsbrücke bauen.
Nehmen wir einmal an, da kommt etwas geflogen — flatter, flatter. Was ist das?

Willi: Das ist ein Jumbo-Jet.

Helmut: Nein, Herr Küper, nehmen wir an, da kommt etwas geflogen und setzt sich nieder auf Ihren Fuß. Was ist das?

Willi: Ach, Sie haben ja einen Vogel.

Helmut *(ruft):* Richtig: Ein Vogel! Damit, Herr Küper, haben Sie die erste Frage richtig beantwortet.
Applaus für Herrn Küper, meine Damen und Herren!
Herr Küper, wir kommen nun zur zweiten Frage und die lautet ,,psychologisches Denken".

Willi *(geht ganz nah an das Gesicht des Quizmasters heran und wiederholt):* ,,Psychologisches Denken."

Helmut: Na, Herr Küper, nun passen Sie doch ein bißchen auf. *(Putzt sich mit dem Taschentuch das Gesicht ab.)* Also die zweite Frage lautet ,,psychologisches Denken".

Willi: Spezialgebiet.

Helmut: So, das ist also auch Ihr Spezialgebiet?

Willi: Ja.

Helmut: Dann passen Sie mal auf, Herr Küper. Ein Maler malt vier Bilder: Frühjahr.

Willi: Frühjahr.

Helmut: Sommer.

Willi: Sommer.

Helmut: Herbst.

Willi: Herbst.

Helmut: Und?

Willi: Und?

Helmut: Ja, Herr Küper, das sollen Sie jetzt raten. Also noch einmal. Ein Maler malt vier Bilder: Frühjahr.

Willi: Frühjahr.

Helmut: Sommer.

Willi: Sommer.

Helmut: Herbst.

Willi: Herbst.

Helmut: Und?

Willi: Und?

Helmut: Nein, Herr Küper, so kommen wir nicht weiter! — Also, ich werde Ihnen noch einmal eine kleine Eselsbrücke bauen. Nehmen wir einmal an, es ist draußen kalt, es friert, es schneit. Was haben wir dann?

Willi: Sauwetter.

Helmut: Nein, nein, Herr Küper, Herr Küper! *(Kurze Pause)* Na gut, nehmen wir einmal an, wir haben Sauwetter und Sie müssen in diesem Sauwetter jetzt raus. Was ziehen Sie da an?

Willi: Einen Wintermantel.

Helmut: Richtig, Herr Küper. Jetzt lassen Sie den Mantel mal weg. Was haben Sie dann?

Willi: Grippe.

Helmut: Also bei Ihren Antworten, Herr Küper, läuft es einem eiskalt über den Rücken.

Willi: Ja, ja, genau wie im Winter.

Helmut *(ruft):* Winter! Richtig, Herr Küper, damit haben Sie die zweite Frage gelöst. — Applaus!

So, Herr Küper, wir kommen jetzt zur letzten und zugleich auch zur schwierigsten Frage: Geographie.

An welchem Fluß liegt Köln am Rhein?

Willi: Das ist aber eine schwierige Frage.

Helmut: Ja, Herr Küper, wir stellen nur schwere Fragen. — An welchem Fluß liegt Köln am Rhein?

Willi: Bitte um Bedenkzeit.

Helmut: Herr Kapellmeister, Musik bitte.

Willi: Können Sie die Frage noch einmal wiederholen?

Helmut: Selbstverständlich, Herr Küper, können wir die Frage noch einmal wiederholen.
An welchem Fluß liegt Köln am Rhein?

Willi *(wiederholt nachdenkend den Satz):* An welchem Fluß liegt Köln am Rhein?

Helmut *(ruft):* Am Rhein! Richtig, Herr Küper! Damit haben Sie alle drei Fragen richtig beantwortet.
Meine Damen und Herren, Applaus für Herrn Küper!

Und nun zu Ihrem Preis, Herr Küper. Sie erhalten von mir, was noch kein Bundeskanzler und kein Bundespräsident erhalten hat. — Nämlich meinen Händedruck. — Herzlichen Glückwunsch!

Reportage

Endkampf um die deutsche Catchermeisterschaft

(Bei dieser Reportage müssen die Namen von drei bekannten, möglichst anwesenden Personen eingesetzt werden. Z. B. drei Vereinsvorstände, Parteivorsitzende, Gemeinderatsmitglieder usw.)

Wir befinden uns mit unserem Mikrophon in der ausverkauften . . .-Halle in . . . und übertragen jetzt den Endkampf um die deutsche Catchermeisterschaft 19 . . .!

Es stehen sich gegenüber . . ., von dem man sagt, er sei der größte Skalp-Jäger aller Zeiten.

Sein Gegner ist kein Geringerer als . . ., genannt der Würger von Addis Abeba.

Ringrichter dieses Großkampfes ist Ex-Weltmeister und Olympia-Sieger . . .

Mit dem Ringrichter befinden sich jetzt 15 Zentner Menschenfleisch im Ring.

Links in der Ecke des Ringes sehen wir gerade, wie . . . eine Flasche Lebertran zu sich nimmt. Und rechts in der Ecke sehen wir, wie . . . mit zwei Fingern die Eisenverstrebung des Ringes auseinanderbiegt.

Jeden Augenblick, meine Damen und Herren, ertönt der Gong zur ersten Runde. Und in diesem Augenblick ertönt auch schon der Gong! Runde eins!

Wie entfesselt läuft . . . aus seiner Ecke heraus, springt auf seinen Gegner zu, klammert sich wie ein Nagetier an seine Kopfhaut und schlägt ihn kurzerhand in den Ringstaub.

Aber da, was macht . . .?! Er beißt zu und im hohen Bogen spuckt er eine abgebissene Zehe ins Publikum.

Ja, meine Damen und Herren, das ist wirklich eine Dokumentation des fairen Sportsgeistes!

Und oben auf der Galerie springen dreitausend begeisterte Zuschauer von den Sitzen, denn sie wissen, jeden Augenblick kann der Skalp des berühmten Meistercatchers . . . fallen.

Aber . . . hat noch einmal Glück gehabt. Der Gong zur Pause hat ihn wahrscheinlich vor einer sicheren Niederlage gerettet. Meine Damen und Herren, nun sind wir gespannt, was sich . . . in der zweiten Runde gegen die Überraschungstaktik seines Gegners einfallen läßt.

Ich glaube, meine Damen und Herren, die Taktik von . . . für die zweite Runde scheint jetzt klar zu sein, denn soeben sehen wir, wie er von seinem Trainer eine Flasche Hoffmannsstärke gereicht bekommt.

Von seinem Gegner . . . wissen wir, daß er solche Mittel nicht braucht. Er nimmt täglich Trill, denn Trill schützt sein Leben.

Nun, meine Damen und Herren, wir werden sehen, denn soeben ertönt der Gong zur zweiten Runde und im Gegensatz zur ersten Runde, als . . . wie ein Blitz aus seiner Ecke heraussprang, verharrt er jetzt steif in seiner Ecke. Wir wollen nur hoffen, meine Damen und Herren, daß er nicht zuviel Hoffmannsstärke zu sich genommen hat.

Doch das hat er offensichtlich nicht, denn jetzt geht er langsam auf seinen Gegner zu, packt ihn an den Oberschenkeln, hebt ihn hoch — bestimmt wird er jetzt zum dreifachen Lasso ansetzen. Aber da, meine Damen und Herren, während ich das sage, fliegen 10 Zentner Menschenfleisch an unserem Mikrophon vorbei. Ist es nun . . . oder ist es . . .? Nein, wir können beruhigt sein, es ist der Ringrichter . . .!

Soviel live aus der . . .-Halle. Unsere Sendezeit ist um. Wir geben zurück ins Funkhaus.

Zugabe

Vortragender: Vielen Dank für den Applaus! Sie sind ein so nettes Publikum, am liebsten würde ich Sie mit nach Hause nehmen!
Vielleicht machen wir mal etwas zusammen. Wie wärs? — Ich spreche vor und Sie sprechen nach. Also, wenn ich jetzt sage „Es war einmal ein Pärchen", dann sagen Sie alle „aaahhh". — Es war einmal ein Pärchen.

Publikum: Aaahhh.

Vortragender: „Sie gingen in den Park und setzten sich auf eine Bank." Dann sagen Sie alle „ooohhh". — Sie gingen in den Park und setzten sich auf eine Bank.

Publikum: Ooohhh.

Vortragender: „Und dann fing es an zu regnen." Dann sagen Sie alle „rrr." — Und dann fing es an zu regnen.

Publikum: Rrr.

Vortragender: So, und jetzt alle drei Stücke zusammen. — Es war einmal ein Pärchen.

Publikum: Aaahhh.

Vortragender: Sie gingen in den Park und setzten sich auf eine Bank.

Publikum: Ooohhh.

Vortragender: Und dann fing es an zu regnen.

Publikum: Rrr.

Vortragender: Da können Sie einmal sehen, mit was für einem Quatsch man erwachsene Leute unterhalten kann!

Bis zum nächsten Mal!

                                        Ihr
                                ....